LOS PASOS AL SOL

Tamara Santos Saelices

COLECCIÓN ITES

LOS PASOS AL SOL

© Tamara Santos Saelices
© Ilustraciones interior y cubierta: Jen Del Pozo
© de esta edición: Olé Libros, 2025

ISBN: 979-13-87951-26-9
Depósito legal: V-4765-2025
Impreso en España

KALOSINI, S. L.
Grupo editorial olélibros
equipo@olelibros.com
www.olelibros.com

Gracias por lo que he vivido, lo que estoy experimentando y por lo que está por venir. A todas las personas que han ido moldeándome. Agradecida por llegar a este aquí y ahora, así viviendo, sin más. Un abrazo infinito.

El eco de lo que hacemos ahora resuena en la eternidad
MARCO AURELIO

La primera y mejor victoria es conquistarse a sí mismo
PLATÓN

Hay que sentir el pensamiento y pensar el sentimiento
UNAMUNO

Existir estando

Enmarca esos momentos donde eres capaz de alejar esos aparatos que te encadenan.

Epatarte de caricias, con la atención de quien te mira cuando lo necesitas, cuando gritas el odio, cuando con ese bisbís apuestas por ser feliz.

Enuncia cómo se acerca la envolvente niebla, cómo se posan sus partículas, su temperatura y cómo misteriosamente puede desaparecer...

Eleva lo que ya está creado, no caigas en: ¿Cómo no se me ha ocurrido antes?

Escapa de empequeñecer.

Enriquécete de todas las etapas por las que va sucediendo tu vida.

Enciende el resplandor de toda la gama de los colores, aquellos brillantes cuando está amaneciendo, los que van enredándose durante tu ir y venir y los que quedan por desmenuzar al finalizar del día.

Encaja tu yo, ni uno nuevo, ni uno forzado.

La espera

Adolescere (del latín: 'crecer, madurar').

¿Para cuándo voy a causar interés en alguien?

• Si al instante no son capaces de valorar, todo lo que engloba el ser tú.

• Piensa en esa persona maravillosa, dotada de la capacidad talentosa de embelesarse por la esencia, que está a punto de llegar a ti.

Miraste aquel sol, deslumbrante, donde no fuiste capaz de ver más que sus repetidos rayos pasmosos.

• Si al instante no puedes brillar.

• Piensa en cuando las miradas se hablan y encuentras la estabilidad, que está a punto de llegar a ti.

• Si al instante sientes que no respetan tus ritmos.

• Piensa en ese lápiz escribiendo una nueva obra, agotado, consumido y, a la vez, entusiasmado por volver a empezar, que está a punto de llegar a ti.

Viste aquellas personas perdidas, buscando un lugar reparador donde estar protegidas.

• Si al instante no sabes orientar tus pasos.

• Piensa en el sereno faro, con sus centelleos de luz que guían los caminos, que está a punto de llegar a ti.

Escuchaste todas las críticas donde, sin razonar, te uniste, para no quedar como el rarito del grupo.

• Si al instante no sabes cómo huir de algo con que no estás de acuerdo.

• Piensa en la resistencia y en la potencia de un lobo, malhumorado y controlador, que está a punto de llegar a ti.

Te percataste como todos los espacios de tu personalidad se llenaron de inseguridad, sin poder pensar, sentir, ni siquiera actuar.

• Si al instante todo es un huracán.

• Piensa en el fuerte aire que abanica tu pelo formando hilos de fuego, sofocándose y asentándose, que está a punto de llegar a ti.

Y en ese instante, soltaste todo:
El pensar, lo que estaba a punto de llegar, diste paso a probar y experimentar.
Comprobaste por ti mismo, el sinnúmero de impactos que iban a formarse en tu camino.
Aquí y ahora, una estrella invitada:
La espera.

Mātūritās ('cualidad del que ha alcanzado el desarrollo esperado, madurez').

Recuerdo una niña con ojos tristes; en la expresión de sus cejas, mostraba una carita sensible.

En su hogar, reinaba el orden, la limpieza, por encima del descanso y del compartir ratos divertidos.

Su pelo era sedoso, brillante, con olor a ternura.

Esa niña está protegida en mí, no hay lugar para la soledad ni para el rechazo.

Ahora está acogida en los besos, en los abrazos y en los cuentos.

Somos una: amor y valentía.

La densidad de las tormentas impide que las cargadas mochilas se pierdan y se desenganchen de uno mismo.

Se colman de desinterés, borrando metas y sueños, impidiendo así que la luz se asome.

Empleé mi más sentido común, sin tantas exigencias, sin seguir patrones ni rectas infinitas.

Poco a poco fueron llegando soplos acompasados, moderando mi vida.

Una beneficiosa savia que me curó por dentro.

Volver...

Si al instante ya conoces cómo furulan las manecillas del reloj, consciente del ritmo que toman tus decisiones, de todo lo que has vivido y luchado, conocerás muy a fondo la espera.

Piensa quién ha estado fuertemente agarrando esta esperanza imprescindible en ti.

Tú, solo tú, depende de ti.

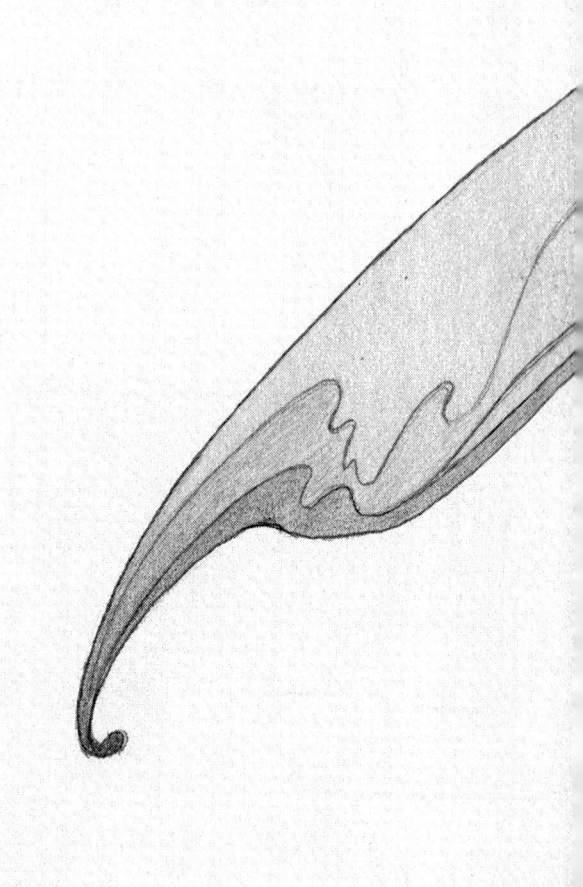

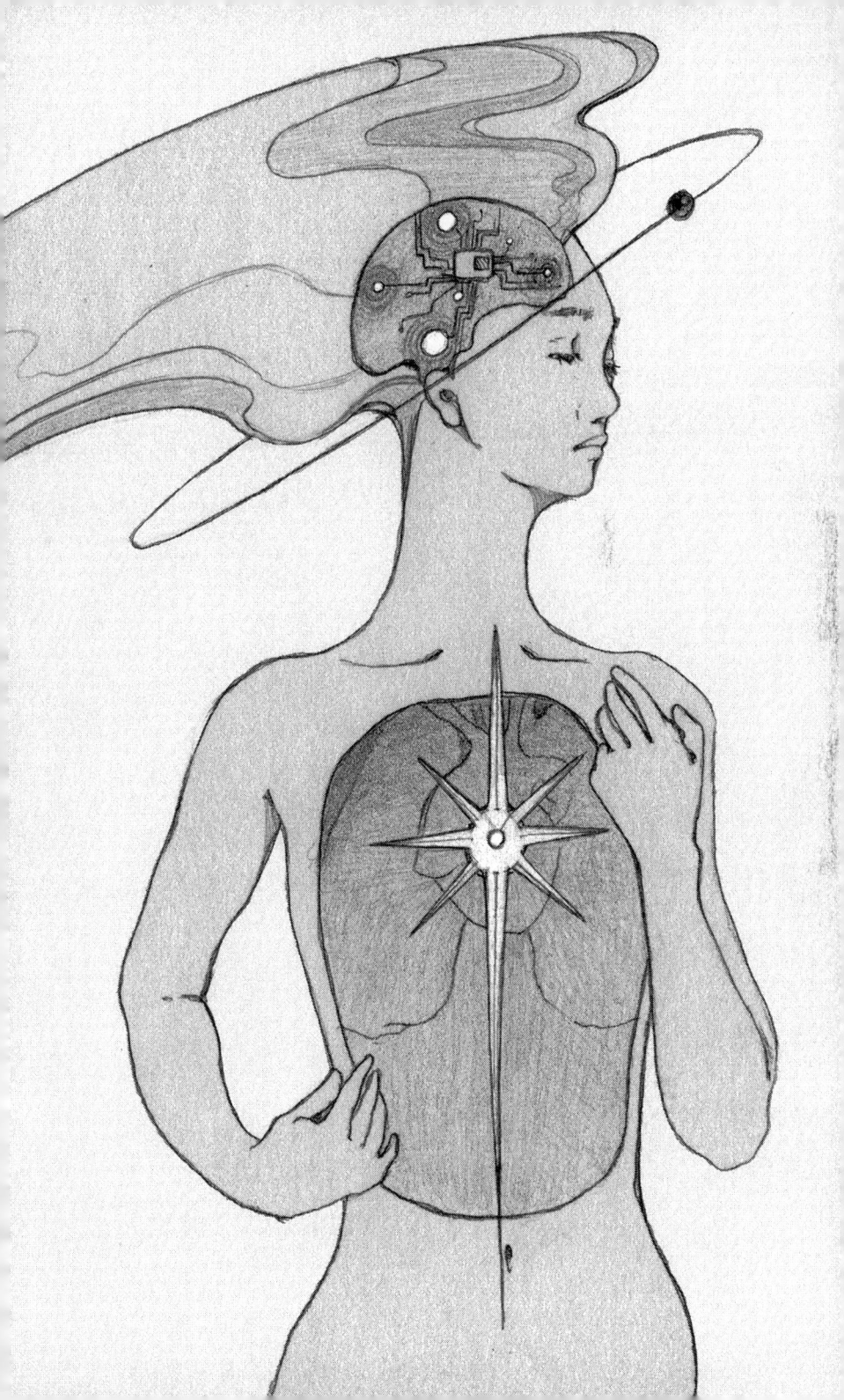

El paso del cole

Recuerdo las paredes que rodeaban el cole, no eran enormes pero llegábamos a rozar el cielo; saliendo toda la clase y pintando lo que cada uno quería dejar reflejado. Pasaban los años y ahí se encontraban: nuestras huellas, nuestros dibujos, símbolos, letras... que componían la ilusión y la alegría que llenaban todas nuestras caritas.

Otras veces, era el profe que elegía una temática y todos nos poníamos en marcha, así conocimos lo que era trabajar en equipo.

TAN VERDAD, TAN VERDAD, COMO EL ROSA-*PINK*

Claridad, simplicidad.
Afinas, resuelves,
seleccionas y ahí es.
Entre tanta tempestad,
aunque todo esté del revés,
tu vida encontrará toda la autenticidad.

Chascos y turbulencias

No intentes impresionar, buscando el atardecer más bonito para la estampa, el filtro que más se ajuste a la tendencia. Tantos obstáculos que nos encontramos y que nos creamos. Atrévete a desplegar la naturalidad, llega al amanecer de ti, de lo que tú eres sin más enredar.

Da la vuelta a las hojas del calendario, adéntrate por cada etapa que tengas que vivir, con ganas, escuchándote, eliminando sin dudar la culpa de lo que no mereces, respira y pon atención en eso que te acelera y te aviva.

Vasito a vaso

Cuando vasito nació fue lo más bonito que pasó en Villa Vajilla. Quedaban poquitos seres de cristal. Los platillos y cubiertos, se sentían muy solos al no encontrar más habitantes con quienes hablar.

Sus papás, Mamá Tetera y Papá Tazón, lo miraban asombrados, era el vaso más perfectamente cilíndrico del mundo, transparente y robusto.

Entre todos se organizó una gran mesa para dar la bienvenida a vasito. Un merecido festín donde desfilaron los platos llanos, platos hondos, ensaladeras, jarras, tenedores, cucharones...

Los platos de postre rodearon a vasito y le dieron la mejor de las acogidas, un larguísimo abrazo. Vasito sentía que estaba en el mejor lugar, sintiendo la cercanía y la alegría de verlo aparecer.

Las más viejas bandejas de la Villa comentaban apartadas de todos el miedo que sentían a que volviera a suceder...

La vida en Villa Vajilla siempre fue pacífica, con su sereno sol, sus lluvias para llenar los lagos y poder disfrutar de las lozanas plantas. Los más pequeños del lugar siempre fueron los vasitos, hechos de cristal. Nacían con una pureza y belleza descomunal, eran tan enérgicos que a su paso movilizaban a todos, agotando a los platos más veteranos, y así les pasaba... Terminaban durmiendo sus reparadoras y largas siestas encima de estos platos. Crecieron y se convirtieron en resistentes vasos de cristal irrompibles, al menos eso pensaban todos.

Eran capaces de soportar caídas desde alturas increíblemente altas, tuvieron que rodar por todo tipo de terrenos para llegar a tiempo a todo lo que querían hacer.

En el interior de los vasos se refugiaban hormigas, lagartijas, mariquitas temerosas de ser pisadas por los humanos.

Tuvieron que estudiar mucho para superar exámenes y dominar numerosos conocimientos.

Montones de amigos con los que compartieron tantos momentos y secretos, muchos de ellos permanecieron a su lado y otros tantos pusieron a prueba el material con el que estaban hechos. Travesías, excursiones, viajes inolvidables, algunos vasos fueron quedándose en lugares hermosos donde querían probar a encaminar una nueva vida.

Generaciones iban despegándose de sus ancestros. Villa Vajilla se fue encontrando con sus seres más mayores y sin apenas ganas por hacer nada.

Los joviales vasos fueron colmándose: de infinitas experiencias, de progreso, de cambios, de sabiduría, de diferentes formas de pensar, se iban exponiendo a las dudas, a los sueños, a las metas por alcanzar, a rellenar lo posible de lo probable, a ir resolviendo problemas... Sin más, estos vasos comenzaban a pervivir.

Sus visitas a Villa Vajilla eran fugaces, algunos lugareños discretamente comentaban lo visiblemente desgastados que parecían y lo picados que se encontraban sus filos.

Mamá Tetera y Papá Tazón tenían una ilusión que no podían ocultar; eso hacía un efecto contagioso a todos los habitantes.

Vasito fue creciendo CONSCIENTE de los días que pasaban; cumplía sus años, creció con el esmerado cuidado de todos, no tenía posibilidad de aburrirse, pues todos siempre tenían curiosidades que contarle, cosas por hacer, caminatas por emprender...

Llegó el momento intuido por aquellas bandejas: vasito se convirtió en un vaso potente y sólido.

Su familia no tenía miedo; le habían hablado de la vida, de las consecuencias de los actos, de las cosas que pasan y no se pueden evitar.

Vaso debía vivir por sí mismo.

Todo se tornaba triste en toda la Villa, volverían a quedarse sin la viva juventud, solo tenían a un vaso entre ellos y pronto iba a marcharse.

Los padres de Vaso vivieron aquellos bonitos tiempos cuando la Villa tenía esos aires alegres, también escucharon todos los comentarios de las nuevas vidas de los vasos. Nunca sintieron pena ni nostalgia, seguían cursando sus vidas con montones de cosas por hacer, unidos y motivados. Intentaban atraer a más habitantes del lugar pero era una tarea complicada, estaban sumidos en la más pegajosa tristeza.

Cuando Vaso abandonaba la Villa, empezó a salir el sol como nunca, poderosamente cubrió todos los rincones y dejó a todos cegados con su resplandor.

Rápidamente se sintió un acogedor calor como si fuera un eterno abrazo, a los papás de Vaso se les dibujó una sonrisa y todos con sus ojos aún sin poder abrir sintieron calma y unas ganas inmensas por vivir.

Los días iban rotando en el calendario llenos de círculos, destacados con colores, con anotaciones, toda Villa Vajilla encontró que sus vidas debían de seguir con todos quienes estaban y dar la oportunidad de dar a cada etapa sus vivencias.

Vaso siempre que podía venía a ver a toda su familia y sus gentes, colmado de todo, desgastado, con sus filos picados, poniendo a prueba el material con el que está hecho, pero...

VIVO.
¿Será el principio de ver infinitos vasos?

Rehacer

Empezar a desear y amar a una persona, siendo consciente de pasar por tantísimas montañas rusas de emociones. Un buen episodio para nuestro sentir. Cuando no puedas ser dos, no te desplomes, ¡aúpa cada pedazo perdido, desolado, envuelto, desorientado, abandonado de ti!

Muestra tu lindeza a quien pueda aportar, cuidar y respetar.

Y te has ido...

Sin poder tocarte, sin pasar esos largos ratos observándote, ausentes de tus abrazos y de tu tan característico olor. Perdiéndose el sobo que tenía con tu pelo. Lo sé, estás presente, pero no de la manera en la que te necesito. Paso el tiempo imaginando cómo hubieran sido mis arrugas con tu compañía.

Vivo con la gracia de poder continuar respirando y respirando también por ti, como me pediste.

DE TODO LO QUE ESTÁ DICHO

«Me va mal TODO...».

«TODO está por medio...».

«Mira qué fatalidad es TODO».

«TODO el mundo es igual...».

¿Te has visto reflejado en estas expresiones?

¿Cuántas veces las diremos?

¿Te has parado a analizar el sentido de ese «TODO»?

Ese TODO que, al decirlo, nos creemos, que nos ahoga en la más absoluta falsa realidad.

Pensamientos y emociones que hacen aún más vago ese cerebro encargado de generar energía, dando como resultado que la claridad desaparezca.

Haces, repites, vuelves
Repites, haces... vuelves

Con observarte puedo analizar el pestañeo pasional que te traes, sí, con la caída de tu pelo se dibuja una guitarra acariciando tu cuello; todo hace fusionar tu esencia.

Ese tintineo que te acompaña caminando, moviendo tus agraciadas caderas, tus brazos llevan el ritmo de la canción que llevas por dentro.

¿Por qué te empeñas en querer ser invisible?

¿Por qué entras en el mecanismo en bucle de no valorarte?

La h de humildad también existe

Miradas críticas, analizando cada milimétrico gesto, juzgando incansable cada caminar.

Piensa en estos actos, ¿qué gran popularidad te estás dando?

Si supieras que van cayendo todos los peldaños de tu identidad.

Una clara realidad: descubre y haz crecer tu honestidad.

Anécdota para dar una sorpresa

Una encerrona en el trabajo del estilo:
¡Sal a tirar la basura y compra chinchetas!
De camino me encontré un banco vacío, agrietado y defor-
mado por las lluvias, el sitio perfecto para dar una tremenda
sorpresa:
Un ¿Me acompañas a vivir?

FRECUENTEMENTE

—Papá, ¿qué pone en lo azul?, pero papá, ¿qué pone?, ¿y en lo negro?, papá, papá, ¿y en lo marrón?, ¿y en lo negro?

—Papá, papá, y en esta puerta ,¿qué pone...?

—Voy a nadar en la pisci. Papá, ¿me vas a ver?

—Pues claro, cariño.

Programación fallida

Qué poco cuesta borrar lo que con tanto esmero y detalle se ha ido construyendo. Lo simple que parece una librería, una colección de papeles con escritos, borrones y sueños confeccionados para sentir el alivio y el respiro de hacerlo realidad.

Ensimismada con ideas, imaginando capacidades dispuestas a darle la vuelta a este mundo disparate. Dicen que todo se ha vuelto del revés, lo malo es bueno, lo bueno es malo; creo que estamos tan difuminados, a punto de ser borrados.

Y tanto que estamos llenos de distorsión de la imagen, pero aún más grave, de valores.

La palma de la mano

Ella puso su brazo encima del mío, con toda la dulzura, el amor y la bondad se explayó:

—¡Mira! ¡Somos del mismo color!

Esa mano sensible hace sentir extremadamente su tacto y su temperatura.

Sorprende cómo esos pliegues palmares en forma de M hace que seamos tan iguales a la vez de extraordinarios.

LO QUE ERES PARA MÍ

Tus ojos hablan, muestran toda la esencia, la bondad que habita en ti.

Eres una persona que va formándose, pedacito a pedacito, con tus aciertos y tus errores, aprendiendo. Conociendo límites, observando las mil personalidades que te puedes encontrar, incluso sus intenciones. Descubriendo con quién puedes estar, en quién confiar y a quién dar tu mano.

No todas las personas merecen que se desprenda de ti tu luz, para que después quedes derrotada sin fuerza y sin brillar. Eso no eres tú.

Eres luz deslumbrante, y eso, corazón mío, hay gente que verdaderamente no puede vivir con eso, tienen esa maldad de hacer sombra y derrumbar a personas buenas.

Pero sé que tienes una capacidad de darte cuenta quiénes son ese tipo de personas, y haces muy bien manteniéndote al margen, siendo tú misma y sin dejar que entren en ti esas personas. Me enorgullece y me haces elevarme hasta el infinito, sabiendo que puedes desenvolverte en la vida.

Vives al día, con las modas, estilos y amigos, me encanta ver que eres feliz. Hablamos mucho de los peligros y, sobre todo, de que seas tú y no te dejes llevar. Persiguiendo tus objetivos, tus inquietudes, tus pasiones, desarrollando unas habilidades excelentes, además de caracterizarte por ser tan cuidada y detallista.

Vida mía, eres más que un sueño, no imaginaba poder sentir esta plenitud, estas ganas de vivir, siguiendo tus pasos y tus logros. Nunca dejes que te pisen.

Recuerda en los momentos regulares: cuando te mires y no te reconozcas, sientas lástima o vergüenza de ti, sintiéndote poca cosa, siente tu valor, por favor, que no te hagan sentir un trapito, un ser manejable.

Sentir tus manos, tu mirada, tu calorcito y que me hables de mil cosas es la mayor felicidad.

Una bendición mirarte todos los días y que me pidas que te acompañe en la cama, que acompañe tus dudas, tus cosas, tus miedos, todo lo que te pasa...

Como ese faro que con sus centelleos de luz orienta y guía el camino de navegantes y gentes perdidas. Aun sabiendo qué tengo que hacer y dónde debo ir, siempre aprendo de ti. Siempre busco esa mirada que sé que en cierta manera me busca para decirme cómo te sientes, cómo te preocupas de mí, de qué manera encontrar una estabilidad, o simplemente respirar desde las alturas, sí, porque eres mi faro.

Ya sabes que los cuentos son otra de mis pasiones; tú eres el más precioso cuento, un cuento brillante, lleno de expresiones, colores pasteles, vivos, tierras, resaltados, originales, cargado de aprendizajes, realizado con esmero, cariño y mucho, mucho amor, porque así es la vida, ensayo-error, pero nunca sin olvidar qué mano agarra ese lápiz. Ese lápiz que llevas en tu mano debes saber que nunca jamás te abandonará.

Se convirtieron en importantes cimientos todo aquello que fui descubriendo.

Mis ojos buscaban siempre ese parpadeo placentero sin llegar a cerrar el enfoque, pellizcando con mis dientes el interior de mi boca.

Girando todo mi cuerpo a todos los ángulos posibles para no perder ningún surco por divisar.

Y así fui exteriorizando una cualidad muy especial...

Los pasos al sol

El cielo estaba nublado.

Apreté fuertemente los ojos y vi revolotear a las golondrinas en alto vuelto.

Jugaron por encima de mi cabeza: los colores, las formas, un repertorio inagotable de imaginación y creatividad.

Cuando escampó, salí a la calle.

¡Me encanta el olor a tierra mojada!

Hace poco descubrí que este olor tan característico se llama petricor.

Empecé a andar y así es como descubrí los **paseos al sol**. Mis piernas y mis pies coordinados fueron capaces de llevarme con moderación.

Saludé a todo cuanto pasaba por mi lado,
pudiéndome encontrar de frente con la intuición.
Vi: caras, sensaciones, pensamientos, ideas, ganas...

Crucé varios **puentes al s**aber; uno de ellos fue, el de la escritura. Hizo despertar en mí nociones que ni tan siquiera conocía. Fui capaz de expresar con dicción clara y manuscribir todo aquello que vadeaba por aquel lugar.

Todo ocurrió con naturalidad, como si toda la vida hubiera sido así, un circuito bien probado y tramado.

Los revuelos eran más llevaderos, en el día a día vividos de manera más consciente, dándole a cada momento y emoción su espacio y tiempo.

Mis pensamientos dieron paso a tener más salud.

Tomé un descanso, paré y dormí.
El cielo volvió a amanecer anubarrado.
Las ramas de los árboles parecían balancines, escuchándose
silbidos para anunciar que un nuevo día iba a comenzar.

Agarré la puerta dispuesta a sonreír, pude ver a lo lejos un espectáculo musical.

Me acerqué con toda la curiosidad a ver qué ocurría.

Un bailarín pudo eclipsar toda mi atención, agarró mi mano y me dijo:

—¡Deja que hable tu cuerpo! Llénate de ritmo y pura pasión.

Moví mi cintura, sincronizando arriba y abajo mis hombros, girando mi cabeza y apartando bloqueos.

Todos esos **pasos a la s**onoridad significaron mucho para mí. Las emociones estaban a flor de piel, tomaron muchos caminos para manifestarse y no quedarse estancadas ni escondidas.

Encajando las piezas descarriladas que estaban revueltas en un puzle, encontré el dibujo de un viejo lienzo. Tuve un claro impulso, tenía que dibujar y pintar.

—Pero ¿el qué?

—¡Ya sé, un **p**ájaro **p**ara **s**alvar!

La libertad es una condición tan necesaria como inexcusable.

Gracias al grafito del lápiz, los pinceles y el manejo de mis manos y dedos, ahí estaba el lienzo esperando a llenarse, pudiendo otorgar vida a lo que se percibe, se anhela y se necesita.

La lluvia cesó y todos los **pétalos** empezaron **a s**oñar.
Las botas se llenaron de barro y de vitalidad para todos los que saltaron los charcos.

Algunos otros tuvieron que luchar, viéndose: embarrados , unidos, agotados, desesperados para volver a descubrir esas rebosantes corolas.

Volví a parar, para observar, poder pensar con claridad, sin prisas. ¡No quería seguir el ritmo frenético de la cotidianidad!

Me sentía incomprendida, fuera de lugar; expresaba mis inquietudes, lo que me gustaba hacer, lo que pensaba sobre varios temas, pero...

Era mejor que me mantuviera en silencio, colocada en un margen y saber esperar a estar sola para poder desenvolverme sin complejos.

Mi cabeza y compostura hacían un gran trabajo, admiro la capacidad de adaptación.

A la luz de todos estos rumbos, a muy diversas velocidades, se fueron dando muchos acontecimientos.

Se me ocurrió, cuan navegante fuera, entregar está plenitud alcanzada en señales, dirigiendo las experiencias en conocimientos y no dejarme llevar por corrientes furiosas. Creé un hábito de dar y recibir: un «cuaderno de bitácora».

Anotando todo lo que me pasaba, para poder leerlo siempre que lo necesitara, pude así reflexionar, darle otra perspectiva y evolucionar a través de todas las maniobras descritas.

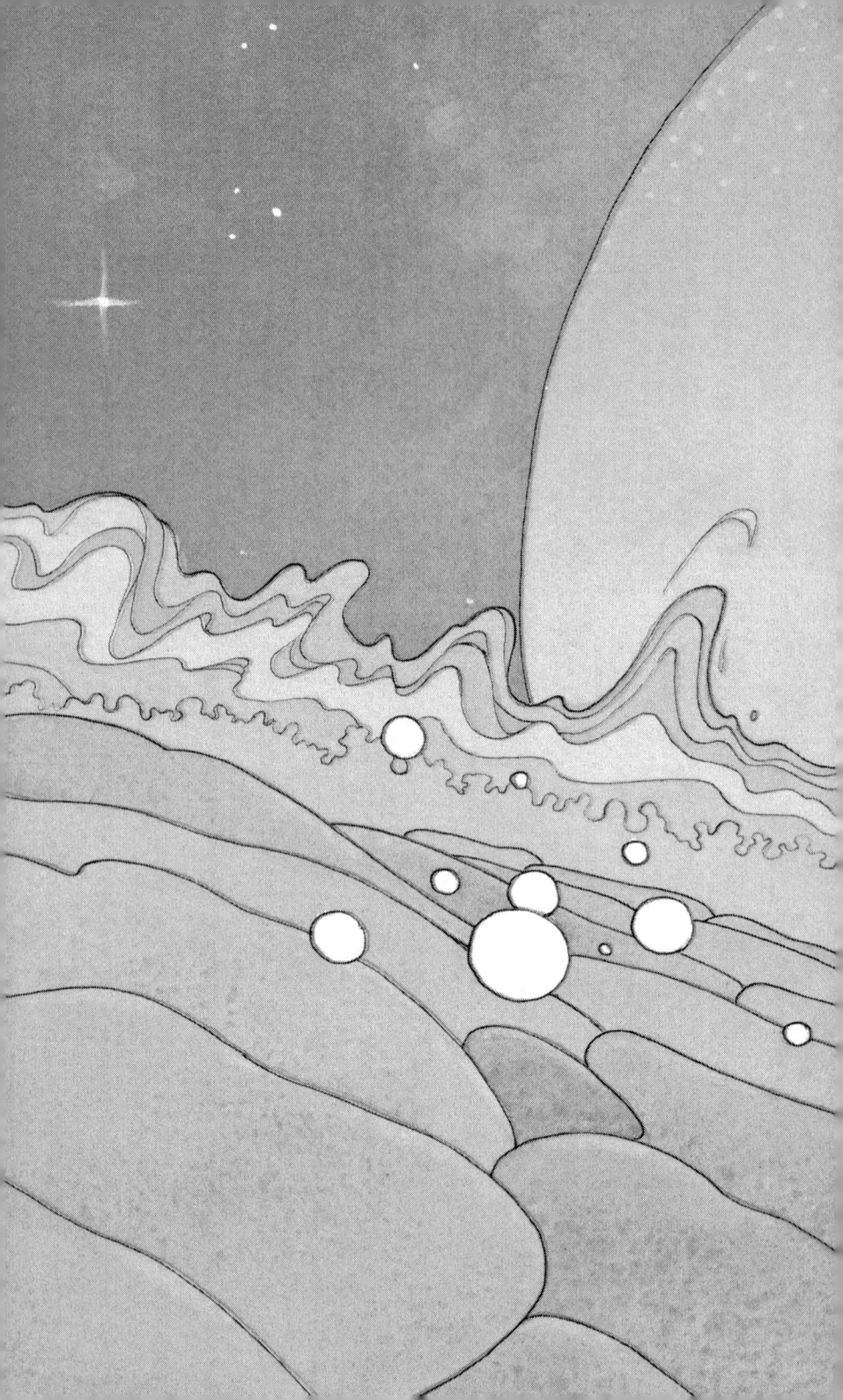

Llegué a tierra, tambaleándome.

Anclando bien mis briosos pies.

Comprobé que lo manifestado en aquel cuaderno de bitácora, había podido ser interpretado por muchas personas.

Aparecieron muchos que, utilizando frases para cambiar el mundo, eran ellos mismos los que lo destruían con cada uno de sus actos.

Las palabras fueron perdiendo su correcto significado y valor. Los números se dirigían al beneficio de solo unos pocos. La naturaleza se apagaba con todo lo que presenciaba.

Seres e individuos erigían potentes muros imaginarios para no encontrarse tan fácilmente con la bondad.

Se tenían sobradas herramientas, recursos, avances... Pero ahí nos vimos, todo un mundo, sumidos en un caos.

Y ahí estaba yo, revuelta con todo este desdeño, resistiendo todo un ir y venir sin sentido.

Volví a recordar aquellos días en los que despertaba con un cielo nublado, en los paseos, en la escritura, en el baile, en la pintura, en la calidad de mis pensamientos, en los sonidos, en los brotes de las flores...

Tuve la sensación de estar en ese aturullamiento de cuando no eres capaz de atrapar la frecuencia exacta en la radio.

De manera inesperada, apareció...
Su calidez aportó alegría, entusiasmo por minimizar todos los conflictos, esa barahúnda.

Nos miramos perplejos y, con bastante acierto, fuimos coordinando nuestros movimientos para poder llegar a arreglar todo lo que estábamos viviendo.

Y allí seguía...
Todos nos quedamos cegados al verlo.
Favoreció la circulación de todos nuestros órganos.
Convirtió los desánimos en esperanza.
Esos muros los fue derritiendo, ocasionando fulgor, iluminando rostros, manos, pies... tanto en común que tenemos unos y otros.

Palpó nuestras ideas y las abrazó.

Así fue como dimos unos agradables y favorecedores **pasos al sol**. Siguiendo esos reflejos por baldosas amarillas, fuimos recogiendo: encanto, luz , felicidad, comprensión, respeto, entendimiento, percepción consciente, vida, empatía, SENSIBILIDAD. Todo cuanto necesitamos para vivir.

Era tan obvio que cambió los sentidos de cada uno de nosotros, que no dudamos en decretar este pacto con el sol, pudiendo rescatar todo lo bueno que nos da, cada vez que hubiera ínfimo quiebro a nuestra estabilidad.

Solis occasum et ortu solis.

ÍNDICE